영어구구단 +파닉스

5

분
사

★ **시작하기 전에**

'나는 주는 중이다'는
I'm giving임을 알려주고,
I give와 비교해서 알려주세요.

예시)
'나는 준다'가 I give면,
'나는 주는 중이다'는?
(답: I'm giving)

5단(분사)은 어렵습니다.

1~4단보다 천천히 가르쳐 주세요.

완벽하게 익히지 않고 넘어가도 좋습니다.

2~3달 동안 배워도 좋습니다.

함께 고생한 딸
루나에게 감사드립니다

책을 집필할 수 있도록
다하를 봐주신 부모님과
어린이집 선생님들께 감사드립니다

Miklish*

1 '열쇠'가 영어로 뭐였지? (key)
2 '나는 준다'는? (I give)

³ 나는 한 열쇠를 준다는?

I give a key.

3 '주다'가 give면 '주는 중인'은 giving이야. (따라 해봐 giving, '주는 중인'이 뭐라고?) (참고: e로 끝나는 단어는 e를 빼고 ing를 붙여.)
4 잠깐의 상태(자세한 내용은 영상강의 goo.gl/rzm9ka 참고)이기 때문에 be동사를 사용해서 '내가 주는 중이다'는 'I'm giving'이야. (따라 해봐 I'm giving)
(많이 반복) 5 (잘하면 생략: 나는 주다가 I give면) 나는 주는 중이다는? (I'm giving)

⁶나는 한 열쇠를 주는 중이다는?

be동사는 '잠깐'의 상태나 모습, 감정을 말하기 때문에 '사진' 바깥에 하얀 테두리로 표시했어.

I'm giving a key.

a=아   e=에   i=이   o=오우   u/oo=우   수동태(과거분사)   5

1 '너는 준다'는? (You give)
2 '열쇠'가 뭐였지? (key)

³너는 한 열쇠를 준다는?

You give a key.

4 잠깐의 상태이기 때문에 be동사를 사용해서 '너는 주는 중일' 때는 You're giving'이야. (따라 해봐 You're giving)
(많이 반복) 5 (잘하면 생략: '너는 주다'가 You give면 '너는 주는 중이다'는? (You're giving)

⁶너는 한 열쇠를 주는 중이다는?

(생략가능) 7 서로 알고 있는 것을 가리킬 때 'the'를 사용해. 너는 '그' 열쇠를 주는 중이다는? (You're giving the key.)

You're giving a key.

1 '나는 운전한다'는? (I drive)
2 '트럭'이 뭐였지? (truck)

³나는 한 트럭을 운전한다는?

I drive a truck.

4 '운전하다'가 drive면, '운전하는 중인'은? (driving)

(많이 반복) 5 (잘하면 생략: '나는 운전한다'가 I drive면) '나는 운전하는 중이다'는? (I'm driving)

⁶나는 한 트럭을 운전하는 중이다는?

(생략가능) 7 서로 알고 있는 것을 가리킬 때 'the'를 사용해. 나는 '그' 트럭을 운전하는 중이다는? (I'm driving the truck.)

I'm driving a truck.

¹ '그들은 운전한다'는? (They drive)

² 그들은 한 트럭을 운전한다는?

They drive a truck.

⁵ 그들은 한 트럭을 운전하는 중이다는?

(생략가능) 6 서로 알고 있는 것을 가리킬 때 'the'를 사용해. 그들은 '그' 트럭을 운전하는 중이다는? (They're driving the truck.)

They're driving a truck.

1 '나는 산다'는? (I buy)
2 '바이올린'이 뭐였지? (violin)

³나는 한 바이올린을 산다는?

I buy a violin.

⁶나는 한 바이올린을 사는 중이다는?

(생략가능) 7 서로 알고 있는 것을 가리킬 때 'the'를 사용해. 나는 '그' 바이올린을 사는 중이다는? (I'm buying the violin)

I'm buying a violin.

1 '그는 산다'는? (He buys)

2그는 한 바이올린을 산다는?

He buys a violin.

3형식/현재진행(현재분사)   현재진행(현재분사)

3 '사다'가 buy면, '사는 중인'은? (buying)
(많이 반복) 4 (잘하면 생략: '그는 사다'가 He buys면) '그는 사는 중이다'는? (He's buying)

⁵ 그는 한 바이올린을 사는 중이다는?

(생략가능) 6 서로 알고 있는 것을 가리킬 때 'the'를 사용해. 그는 '그' 바이올린을 사는 중이다는? (He's buying the violin)

He's buying a violin.

a=아   e=에   i=이   o=오우   u/oo=우   수동태(과거분사)   15

1 '느낀다'가 feel이면, '느끼는 중인'은? (feeling)

(많이 반복) 2 (잘하면 생략: '그들은 느낀다'가 They feel이면) '그들은 느끼는 중이다'는? (They're feeling)

³그들은 고통을 느끼는 중이다는?

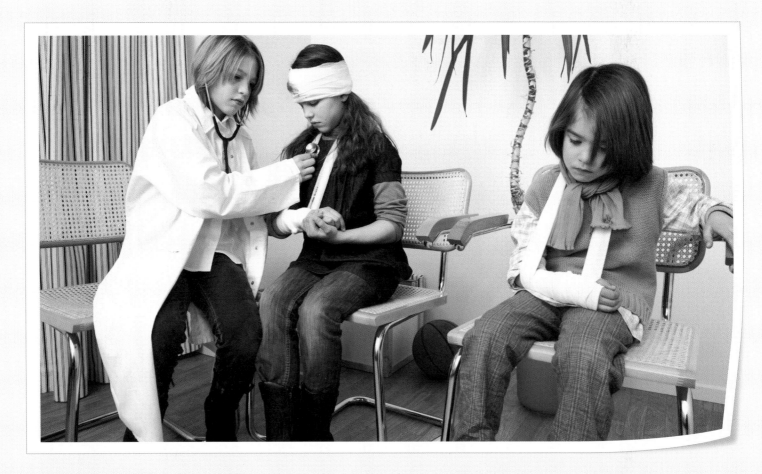

They're feeling pain.

1 '느낀다'가 feel이면, '느끼는 중인'은? (feeling)

(많이 반복) 2 (잘하면 생략: '그것은 느낀다'가 It feels이면) '그것은 느끼는 중이다'는? (It's feeling)

³그것은 그 고통을 느끼는 중이다는?

실제로는 상태에 관련된 동사(have, know, feel 등)는 O/X로 나눠지고, 과정이 존재하지 않기 때문에 진행형(동사+ing)을 잘 안 써.(영상강의 goo.gl/rzm9ka 참고)

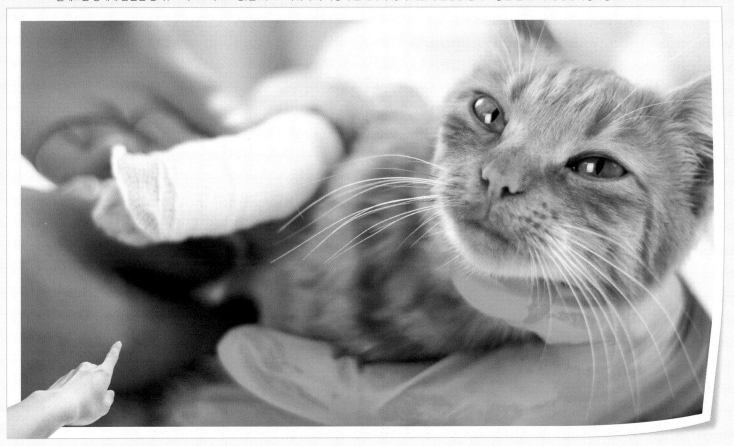

It's feeling the pain.

a=아   e=에   i=이   o=오우   u/oo=우   수동태(과거분사)   17

1 '시작하다'가 start면, '시작하는 중인'은? (starting)
2 (잘하면 생략: '나는 시작하다'가 I start면) '나는 시작하는 중이다'는? (I'm starting)
3 1단에서 '자동차'가 뭐였지? (car)

4 나는 한 차를 시작(시동)하는 중이다는?

(생략가능) 5 나의 차는 my car야. 따라 해봐 (my car) / 6 나는 나의 차를 시작하는 중이다는? I'm starting my car.

알파벳a는 다양하게 소리 내지만, 발음기호에서는 '아'로만 소리 낸다

I'm starting a car.

1 '시작하다'가 start면, '시작하는 중인'은? (starting)
2 (잘하면 생략: '우리는 시작하다'가 We start면) '우리는 시작하는 중이다'는? (We're starting)
3 '파티'는 party야. '파티'가 뭐라고? (party)

4 우리는 한 파티를 시작하는 중이다는?

(생략가능) 5 우리의 파티는 our party야. 따라 해봐 (our party) / 6 우리는 우리의 파티를 시작하는 중이다는? We're starting our party.

알파벳 a는 다양하게 소리 내지만, 발음기호에서는 '아'로만 소리 낸다.

We're starting a party.

a=아 　　e=에 　　ı=이 　　o=오우 　　u/oo=우 　　수동태(과거분사) 　19

1 '보내다'가 send면, '보내는 중인'은? (sending)
2 (잘하면 생략: '나는 보내다'가 I send면) '나는 보내는 중이다'는? (I'm sending)
3 '편지'는 letter야. '편지'가 뭐라고? (letter)

4 나는 한 편지를 보내는 중이다는?

(생략가능) 5 '나의 편지'는 my letter야. 따라 해봐 (my letter) / 6 '나는 나의 편지를 보내는 중이다'는? I'm sending my letter.

발음기호에서 e는 '에'로 소리 낸다.

I'm sending a letter.

1 '돕다'가 help면, '돕는 중인'은? (helping)
2 (잘하면 생략: '나는 돕다'가 I help면) '나는 돕는 중이다'는? (I'm helping)
3 '친구'는 friend야. '친구'가 뭐라고? (friend)

³나는 한 친구를 돕는 중이다는?

(생략가능) 5 '나의 친구'는 my friend야. 따라 해봐 (my letter) / 6 '나는 나의 편지를 보내는 중이다'는? I'm sending my letter. I'm helping my friend.

발음기호에서 e는 '에'로 소리 낸다

I'm helping a friend.

a=아   e=에   i=이   o=오우   u/oo=우   수동태(과거분사)   21

1 '고른다'가 pick면, '고르는 중인'은? (picking)
2 (잘하면 생략: '너는 고른다'가 You pick면) '너는 고르는 중이다'는? (You're picking)
3 '도시'는 city야. '도시'가 뭐라고? (city)

⁴너는 한 도시를 고르는 중이다는?

(생략가능) 5 '너의 도시'는 your city야. 따라 해봐 (your city) / 6 '너는 너의 도시를 고르는 중이다'는? (You're picking your city.)

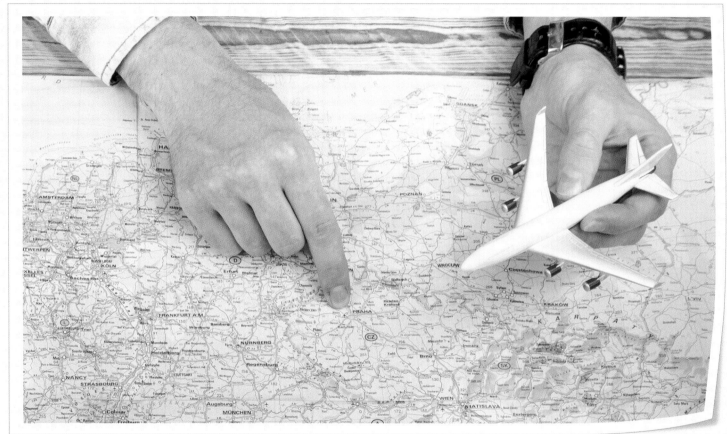

발음기호에서 i 는 '이'로 소리 낸다.

You're picking a city.

1 '가져오다'가 bring이면, '가져오는 중인'은? (bringing)
2 (잘하면 생략: '그녀는 가져온다'가 She brings면) '그녀는 가져오는 중이다'는? (She's bringing)
3 '그림이나 사진'은 영어로 picture야. '사진'이 뭐라고? (picture)

⁴ 그녀는 한 사진을 가져오는 중이다는?

(생략가능) 5 '그녀의 사진'은 her picture야. 따라 해봐 (her picture) / 6 '그녀는 그녀의 사진을 가져오는 중이다'는? (She's bringing her picture.)

발음기호에서 i는 '이'로 소리 낸다.

She's bringing a picture.

a=아　　　　e=에　　　　ɪ=이　　　　o=오우　　　　u/oo=우　　　　수동태(과거분사)　　23

1 '닫다'가 close면, '닫는 중인'은? (closing) (참고: e로 끝나는 단어는 e를 빼고 ing를 붙여.)
2 (잘하면 생략: '그들은 닫는다'가 they close면) '그들은 닫는 중이다'는? (They're closing)
3 '길'은 road야. '길'이 뭐라고? (road)

⁴그들은 한 길을 닫는(막는) 중이다는?

(생략가능) 5 '그들의 길'은 their road야. 따라 해봐 (their road) / 6 '그들은 그들의 길을 닫는 중이다'는? (They're closing their road.)

발음기호에 'o'는 '오'지만, o 단독으로 소리 내지 않고, 발음기호에서 항상 '오우(ou)'로 쓰고 소리 낸다.

They're closing a road.

1 '들고 있다'가 hold면, '들고 있는 중인'은? (holding)
2 (잘하면 생략: '그는 들고 있다'가 He holds면) '그는 들고 있는 중이다'는? (He's holding)
3 '전화기'는 phone이야. '전화기'가 뭐라고? (phone)

⁴그는 한 전화를 들고 있는 중이다는?

(생략가능) 5 '그의 전화'는 his phone이야. 따라 해봐 (his phone) / 6 '그는 그의 전화를 들고있는 중이다'는? (He's holding his phone.)

발음기호에 'o'는 '오'지만, o 단독으로 소리 내지 않고, 발음기호에서 항상 '오우(ou)'로 쓰고 소리 낸다

He's holding a phone.

a=아   e=에   ɪ=이   o=오우   u/oo=우   수동태(과거분사)   25

1 '선택하다'가 choose면, '선택하는 중인'은? (choosing)
2 (잘하면 생략: '그것은 선택한다'가 It chooses면) '그것은 선택하는 중이다'는? (It's choosing)
3 1단에서 '책'이 뭐였지? (book)

4 그것은 한 책을 선택하는 중이다는?

(생략가능) 5 '그것의 책'은 its book이야. 따라 해봐 (its book) / 6 '그것은 그것의 책을 선택하는 중이다'는? (It's choosing its book.)

발음기호에서 u는 '우'로 소리 낸다.

It's choosing a book.

1 '당긴다'가 pull이면, '당기는 중인'은? (pulling)
2 (잘하면 생략: '그녀는 당긴다'가 She pulls면) '그녀는 당기는 중이다'는? (She's pulling)
3 '발'은 foot야. '발'이 뭐라고? (foot)

⁴그녀는 한 발을 당기는 중이다는?

(생략가능) 5 '그녀의 발'은 her foot야. 따라 해봐 (her foot) / 6 '그녀는 그녀의 발을 당기는 중이다'는? (She's pulling her foot.)

발음기호에서 u는 '우'로 소리 낸다.

She's pulling a foot.

a=아   e=에   ɪ=이   o=오우   u/oo=우   수동태(과거분사)   27

1 '내 입장'에서 선택하는 것은 choose, '책의 입장'에서 선택되어짐을 당하는 것은 chosen을 써. 따라 해봐 (choose, chosen)

2 '선택되는'이 뭐라고? (chosen)

3 (잘하면 생략: '내가 선택되는 것'이 I'm chosen이면) '너는 선택된다'는? (You're chosen.)

⁴한 책이 선택된다는?

A book is chosen.

1 '내 입장'에서 주는 것은 give, '열쇠 입장'에서 주어짐을 당하는 것은 given을 써. 따라 해봐 (give, given)
2 '주어지는'이 뭐라고? (given)
3 (잘하면 생략: '나에게 주어지는 것'이 I'm given이면) 너에게 주어진다는? (You're given.)

4 열쇠들이 주어진다는?

Keys are given.

자세한 내용
goo.gl/tqhukv

부록 1 영어전집 선택 요령과 관련 단원

아이 수준과 누가 어떻게 가르쳐줄 지 고려해서 사야 합니다. 도서관이나 체험할 수 있는 곳에서 보고 사면 좋습니다. 중고 책과 새 책 가격의 차이가 크면 가격대비 만족스럽지 않을 확률이 높습니다. 한번에 전질을 다 사기 보다는, '쉬운 것부터 한두 질만(약 5~20권) 구입후 반복해서 학습하고, 이후에 필요하면 다음 단계를 구입하는 것이 좋습니다. 하단의 표에는 시중에서(2018년) 많이 쓰는 전집 위주로 담았습니다. 아빠표 영어 구구단과 비슷한 주제의 단원은 같은 색으로 책의 번호나 이름을 적었고, **굵을 숫자**일 수록 활용하기 좋은 단원, 가는 숫자는 다른 패턴(문장 구조)이 섞여서 덜 좋은 단원입니다.

책 제목	1 명사	2 일반동사	3 인칭	4 be동사	5 분사	6 부정사	7 전치사	8 조동사	9 부정문	10 의문문	구입처
리틀핌(DVD)	1 2 3 4 5 6	2		5	1 2 3 4 5 6		3 4				
잉글리시 에그 STEP 1		3 **6** 16	11	1 2 3 10 15 18	19	5	9 15	11	19 20	2 10 13 19	대표번호
잉글리시 에그 STEP 2		1 2 5 6		1 7 14 15 16 17	5 8 9 13 20	11 12	20	2	4 10 15 17	11 19	1577 0521
잉글리시 에그 STEP 3		5 9		7 14 20	4 11 12 20	7	4	3 16 17	2 6 13 18	3 4 5 6 9 20	
튼튼영어 싱어롱		5 I Am the Music Man / 8 Hickoory Dickory Dock / 11 Old Mcdonald Had a Farm		4 Open Shut Them / 5 I am the Music Man	3 We're Going to the Moon		10 The Wheels on the Bus / 12 Three Little Monkeys				선우현정
튼튼영어 베이비 리그 오렌지		4		15	3	9	**2** 6			**1** 10 **12 13**	010 7666 9555
튼튼영어 베이비 리그 그린		8 12 14	4	3 7			5 16			7 9 **13**	
튼튼영어 W-PLAY				11			11	8 12		1 4 5 6 8 10	
튼튼영어 Q-PLAY	9	2		3	4 7					2 3 4 5 6 7 8 9 10	
잉글리시 몬스터 Picture Book	5	2	4	9 10 12	6		7 12	4		1 8	
잉글리시 몬스터 Talking Book	**1-2** 2-2 3-3 3-7		3-9	2-8 2-10 3-3 3-6	3-9 3-10	2-7	2-10 2-8 3-4 **3-6**	3-1 3-7	2-6	3-3 3-4 3-10	잉글리시 몬스터 대표번호 1577 0268
잉글리시 몬스터 Alphabet Story Book	I T W	Z	K X	N O P Q			J O R Y	F		C E H P V	
싱싱 잉글리시 Word		2 4 8 9 **18** 28		1 15 16 24 25	13 **29**		12			2 11 15 **16** 19 20 24	깨똥이네 종각점
싱싱 잉글리시 Story	12	2 3 5 14		6 8 10			2	12	15 **16**	1 2 3 6 17	02 399 5709